AF417853

عَنْ وَفِي الْحُبّ

دار حروفٌ منثورةٌ للنَّشر والتوزيع

الطَّبعة الأولى

الكتاب: عن وفي الحب

المؤلف: عمرو الأحمدي

تصنيف الكتاب: رواية

تصميم الغلاف: فريق الدار

تنسيق داخلي: فريق الدار

مراجعة لغوية: ندى محمد إبراهيم

رقم الإيداع: ٢٦١٩٦ /٢٠٢٣م

الترقيم الدولي: ٩٧٨٩٧٧٦٨٦٧٨٧١

مؤسِّس الدَّار

مروان محمد

Website: https://horofbooks.com

Fan page: http://facebook.com/herufmansoura

Email :info@horofbooks.com

هاتف جوال: ٠٠٢٠١١١٣٠٠٦٢٩٦ — هاتف جوال: ٠٠٢٠١٠٦٤٠٥٤٩٩٥

عَنْ وَفِي الحُبّ

تجلّيات إحسانيّة لِكُلّ المُحِبّين

عمرو الأحمدي

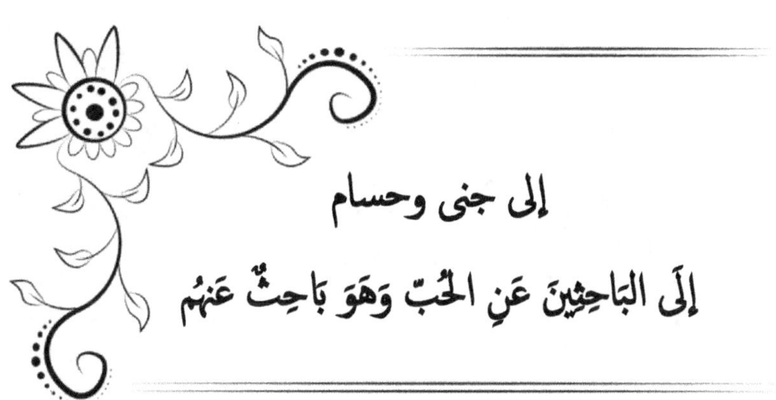

إلى جنى وحسام

إلَى البَاحِثِينَ عَنِ الحُبّ وَهوَ بَاحِثٌ عَنهُم

قد يكتب الكاتب عن إرادة،

وقد يكتب الكاتب عن وحي..

وقد يكتب الكاتب وكأنَّ ما يكتبه

يُملى عليه..

وقد كتبت وكأني قَلمٌ في يد غيري، فكان
ما كان ممَّا كتبته أو كَتبه كاتُبه بي.

بَابُ شُمُوسِ العُقُول

تدور كواكب الأفكار في أفلاك شموس العقول..

وكُلَّما زادت كواكبك اتَّسع كَونك.

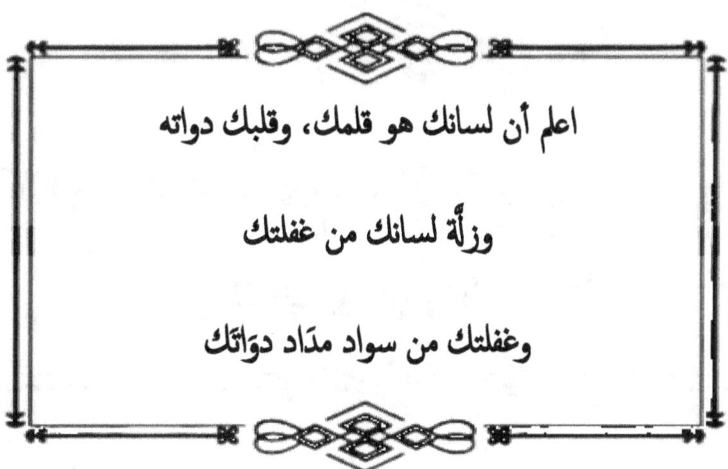

اعلم أن لسانك هو قلمك، وقلبك دواته

وزلَّة لسانك من غفلتك

وغفلتك من سواد مدَاد دوَاتك

على قِيَمِ الحقائق تَنكَشِف سُفُوحِ المَعَارِف

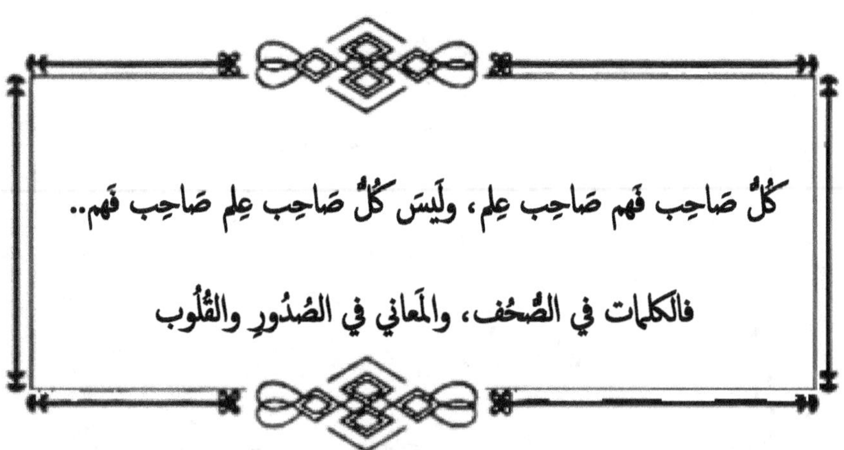

كُلُّ صَاحِب فَهم صَاحِب عِلم، ولَيسَ كُلُّ صَاحِب عِلم صَاحِب فَهم..

فالكلمات في الصُّحُف، والمَعاني في الصُّدُورِ والقُلُوب

الإِشَارَة مَنَارَة

ومَن غابَ عنه النَّظَر لَم يتلقَّ إشَارَته كَي تَكُون منارته

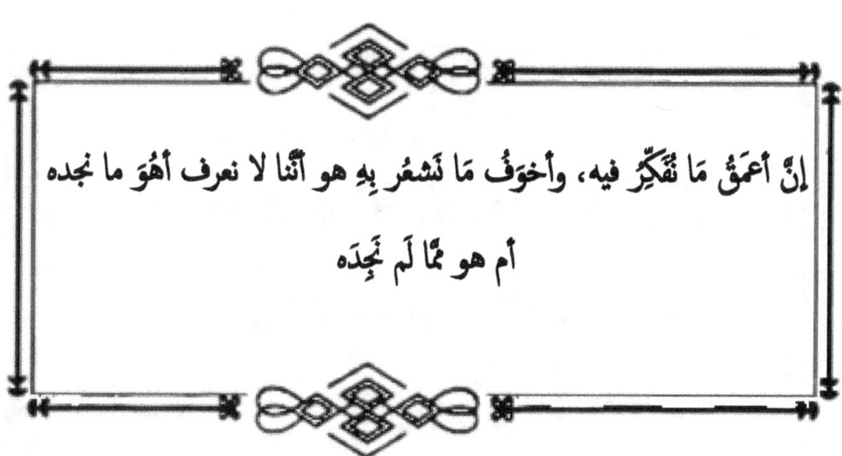
إنَّ أَعمَقَ مَا نُفكِّر فيه، وأخوَفُ مَا نَشعُر بِهِ هو أَنَّنا لا نعرف أُهُوَ ما نجده

أم هو مِمَّا لَم نَجِدَه

سَأَلَ سَائِلٌ عَنِ الفَاعِل، فَأَجَابَ الفِعل الظَّاهِر

الفَاعِل المَسْؤُول عَنه خَفِيّ ظاهر، وهُوَ مَنْ يَسْأَل

لَم يَسَعْهُ الكَوْنُ الهائل، ووَسِعَه قَلْبُ العَبدِ العَاقِل

بَون شاسع بين مَن لا يتكلم وبين مَن لا يريد أن يتكلم

وبين مَن لا يريد أن يتكلم وبين مَن لا يستطيع أن يتكلم

اللسان لسان العقل

من اختلاج الجسد ممّا يجيش بداخل النفس

الماضي للتعلُّم لا للتألُّم

وبداية طريق الحكمة هي طَرق أبوابِ الحكماء وذوي الألباب

والفهم نورُ طريقٍ كشف الحجاب

العاقل يأخذ بدليل القائل لا بقوله

والحكيم يأخذ بعين الرائي لا بسمع المرائي

إذا كنت تستطيع أن ترى، فانظر..

وإذا كنت تستطيع أن تنظر، فراقب واعتبر

هو فيضٌ من نور الله وعلمه

عند الأكابر كشف

وعند المخلصين بصيرة

وعند المحبين حس، وعند الأذكياء فطنة

وعند العلماء كسب

باب أهل الحُبّ والحَقّ

الحب يَصُمّ الآذان ويَعقِد الألسُن

ويخشع له البدن، ويتأدَّب به الإنسان

ويزول عنه التيه والغمّ

وتخمد ناره، ويهدأ فورانه

ويتهيّأ لوارد الرحمن

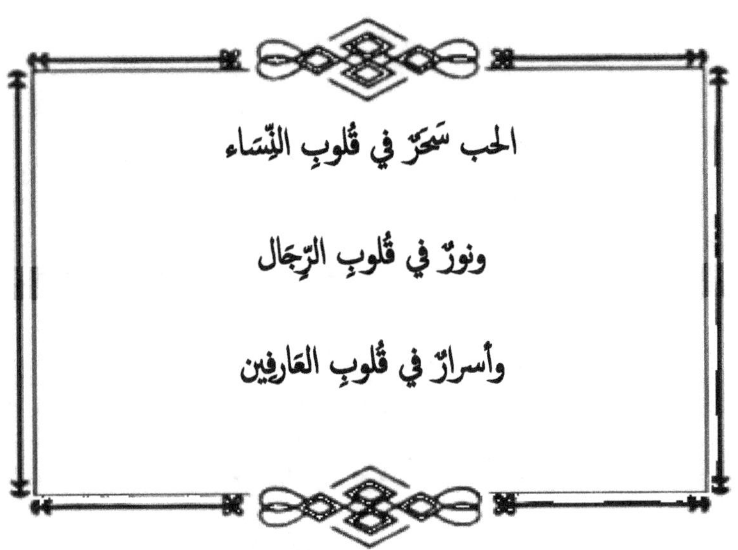

الحب سَحَرٌ في قُلوبِ النِّساء

ونورٌ في قُلوبِ الرِّجال

وأسرارٌ في قُلوبِ العَارفين

الحياة هي لحظات الصفاء والحب والسعادة التي فيها

فاجعل تلك اللحظات كُلَّ ما فيها

من ادَّعى أنَّه مُحِبٌّ فلينظر إلى عهده وصدقه

فكما أن الرحمة في الدنيا جزءٌ من رحمةِ الخالق، فإن الحب في الدنيا جزءٌ من الرحمة

الحب حقٌّ، لذلك فهو عهدٌ وصِدقٌ

والمُحِبُّ الحق عليه أن يكون له عهدٌ وصدقٌ مع الحق

وأهل الحب والحق ينظرون كيف صدقهم ومع مَن عهدهم

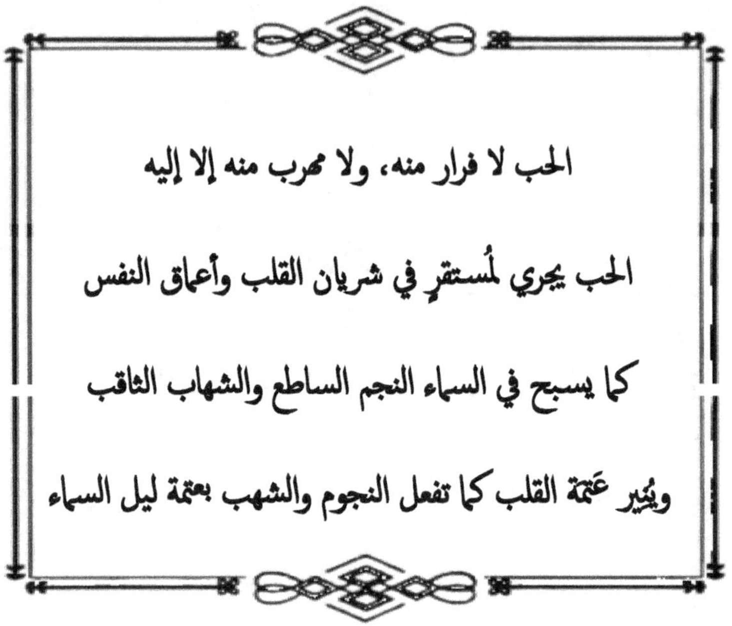

الحب لا فرار منه، ولا مهرب منه إلا إليه

الحب يجري لمُستقرٍ في شريان القلب وأعماق النفس

كما يسبح في السماء النجم الساطع والشهاب الثاقب

ويُنير عَتمة القلب كما تفعل النجوم والشهب بعتمة ليل السماء

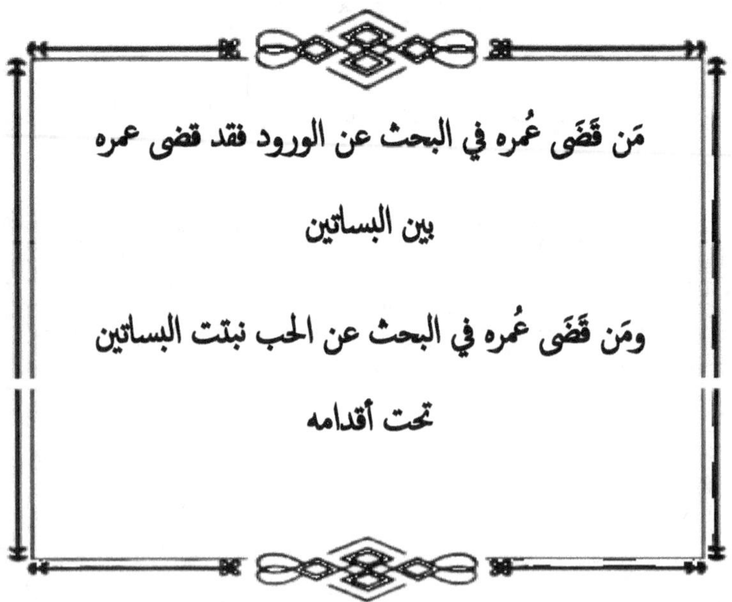

مَن قَضَى عُمره في البحث عن الورود فقد قضى عمره بين البساتين

ومَن قَضَى عُمره في البحث عن الحب نبتت البساتين تحت أقدامه

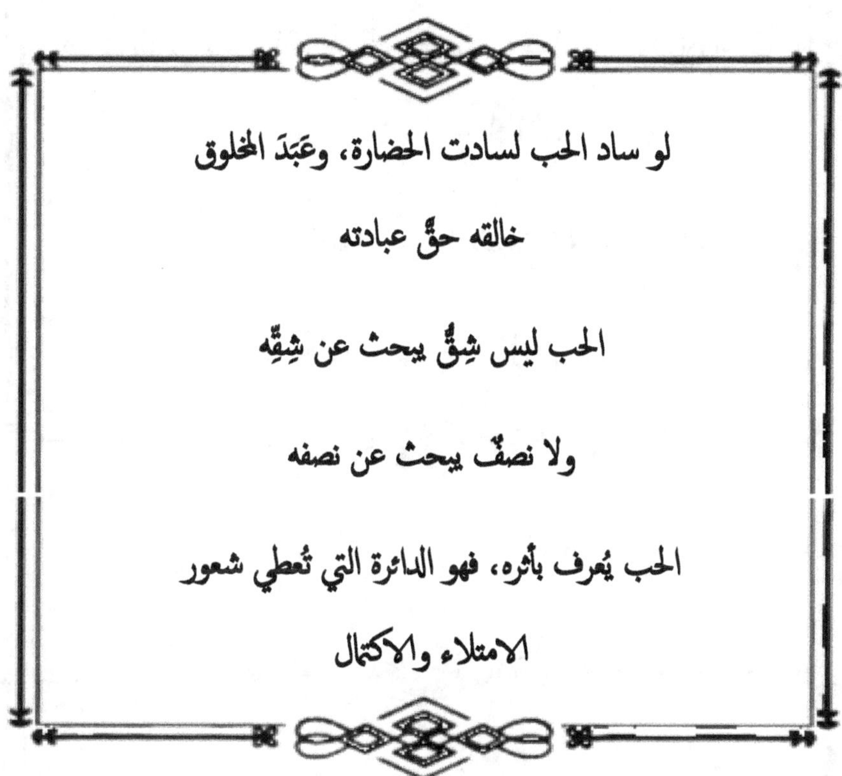

لو ساد الحب لسادت الحضارة، وعَبَدَ المخلوق

خالقه حقَّ عبادته

الحب ليس شِقٌّ يبحث عن شِقِّه

ولا نصفٌ يبحث عن نصفه

الحب يُعرف بأثره، فهو الدائرة التي تُعطي شعور

الامتلاء والاكتمال

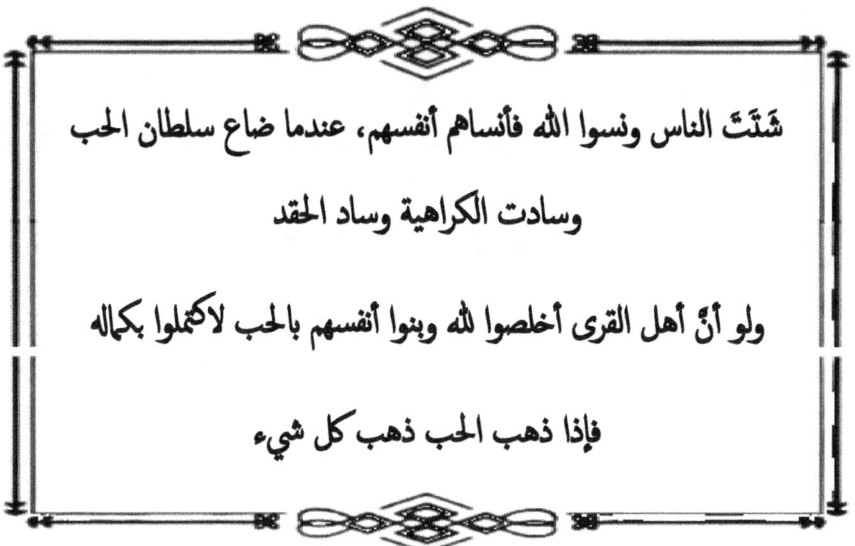

شَتَّتَ الناس ونسوا الله فأنساهم أنفسهم، عندما ضاع سلطان الحب وسادت الكراهية وساد الحقد

ولو أنّ أهل القرى أخلصوا لله وبنوا أنفسهم بالحب لأكتملوا بكماله

فإذا ذهب الحب ذهب كل شيء

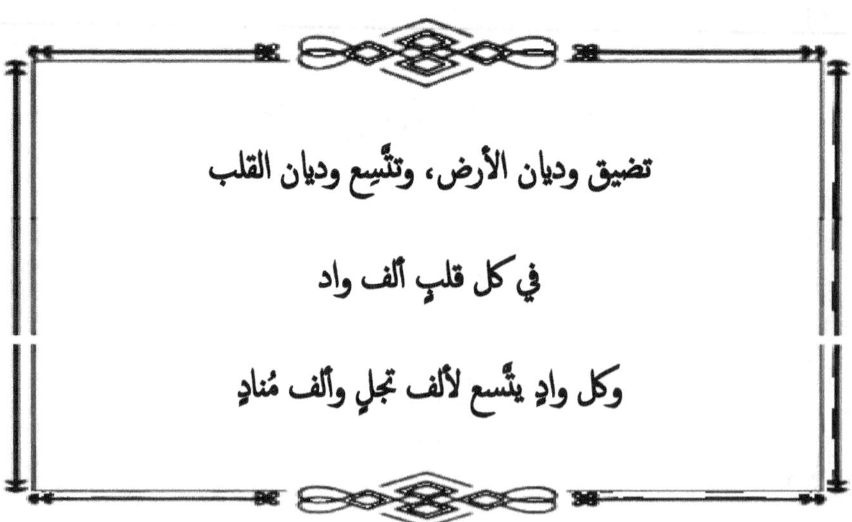

تضيق وديان الأرض، وتتَّسِع وديان القلب

في كل قلبٍ ألف وادٍ

وكل وادٍ يتَّسِع لألف تجلٍ وألف مُنادٍ

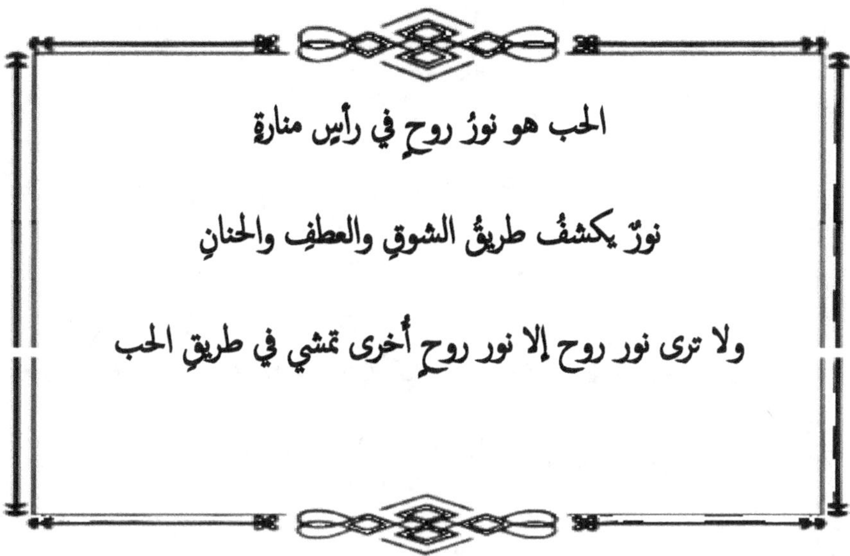

الحب هو نورُ روحٍ في رأس منارة

نورٌ يكشفُ طريقُ الشوقِ والعطفِ والحنان

ولا ترى نور روح إلا نور روحٍ أخرى تمشي في طريق الحب

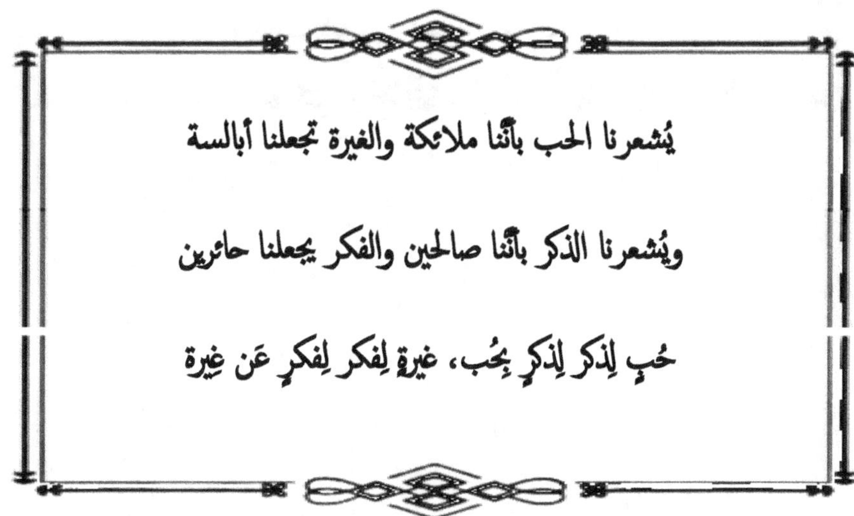

يُشعرنا الحب بأننا ملائكة والغيرة تجعلنا أبالسة

ويُشعرنا الذكر بأننا صالحين والفكر يجعلنا حائرين

حُب لِذكرٍ لِذكرٍ يُحُب، غيرة لِفكرٍ لِفكرٍ عَن غيرة

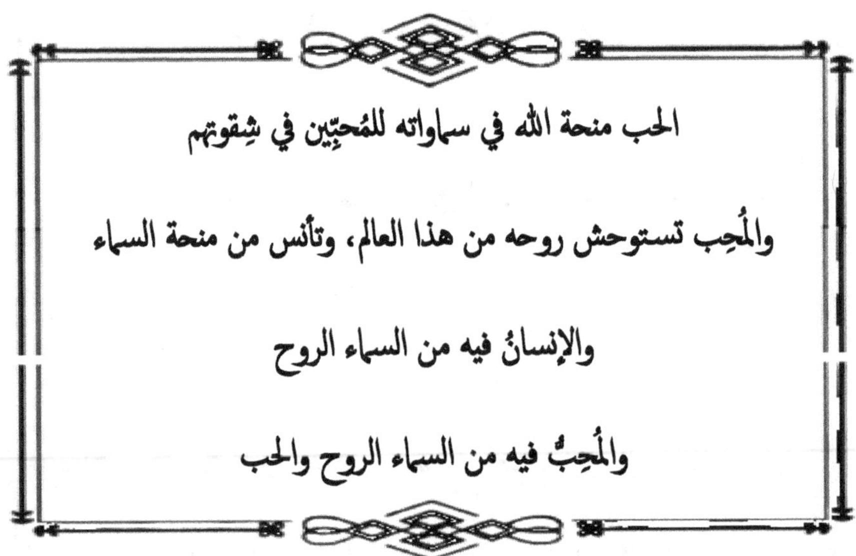

الحب منحة الله في سماواته للمُحبِّين في شِقوتهم

والمُحِب تستوحش روحه من هذا العالم، وتأنس من منحة السماء

والإنسانُ فيه من السماء الروح

والمُحِبُّ فيه من السماء الروح والحب

ذاك الشيء الذي كلما شعرنا به بكينا، وبكينا، وبكينا

ذاك الشيء الذي لا إنسانية إلا به

ذاك الشيء هو الحب، ,فإذا صمَّ الصمتُ الآذان، انعقد اللسان، وخشع الجَنان، فتأدَّب الإنسان،

وانقشعت عنه الغمام وزال التوهان، خمدت النيران،

وهدأ الفوران، فارتفعت الأستار، وتلألأت الأنوار،

وتكشُّفت الأسرار، وتجلَّى العزيز الغفار.

ولازم الصمت قائلاً: (صمت الحُب له أكثر من صوت يهز الأركان).

باب الحُب أغوارٌ وأنوار

كل اشتياقي لشيءٍ هو حنين فرعٍ لأصل

وكلنا فروع والأصل هو الحب

والاشتياق لغة الحب

وإن اختلفت ألسنة ولغات الفروع؛

فإن للأصل لسان واحد ولغة واحدة.

الحب بداية درب العشق

والعشقُ بدايةُ درب العتق من الرِقّ

في ميدان الحب لا طاعة لعقلٍ في معصية القلب،

فالقلب وما هوى والعقل وما غوى، فليحذر مَن هوى.

بين راء "حُرٍ" وياء "حَيّ" يجد الرجل "الرَيّ" من حاء
حواء التي حَوَت الحياة.

وكأن الحب نبت في أرضي، نمو دون أن أدري،
فيُنزِل همي ويزلزِل وَجدِي، فأنا مِنهُ طِفلٌ وهُوَ مِنّي شّيخي

الحب يُقيّد بعيدٌ بِقَريب

والقلب فيه قريبٌ غريب، وغريبٌ قريب

وعطرُ الحبيب ماء حياةٍ المُحِب

وماء الحبيب خمرٌ يَنتشي به المُحِبّ بوهم الارتواء

وألفُ ألف كأس من خمر الحبيب لا يرتوي بها مُحِبّ

أين أنا منكِ؟ وأين أنتِ مني؟

كأنّي كُلّي منكِ، وكأنّ كُلُّكِ مِنّي

هل الرباطُ ماء جسدينا يسري فينا؟!

فأنتِ في تمرُّدي وعقلي وشَجَنِي وشُرودي..

وأنا في قلبك وروحك،

فأنتِ شطري،

توسَّلت إليكِ أن تدعي سحابتي تحملني؛

فأبيتِ إلا أن تحمليني أنتِ كما حملتِ طفلي.

إن كُنتُ أنا أنتِ فازرعي فيهم مِن نفسكِ ونفسي،

فأنا أدور في أفلاك كونكِ، كما تدورين في أفلاك كوني.

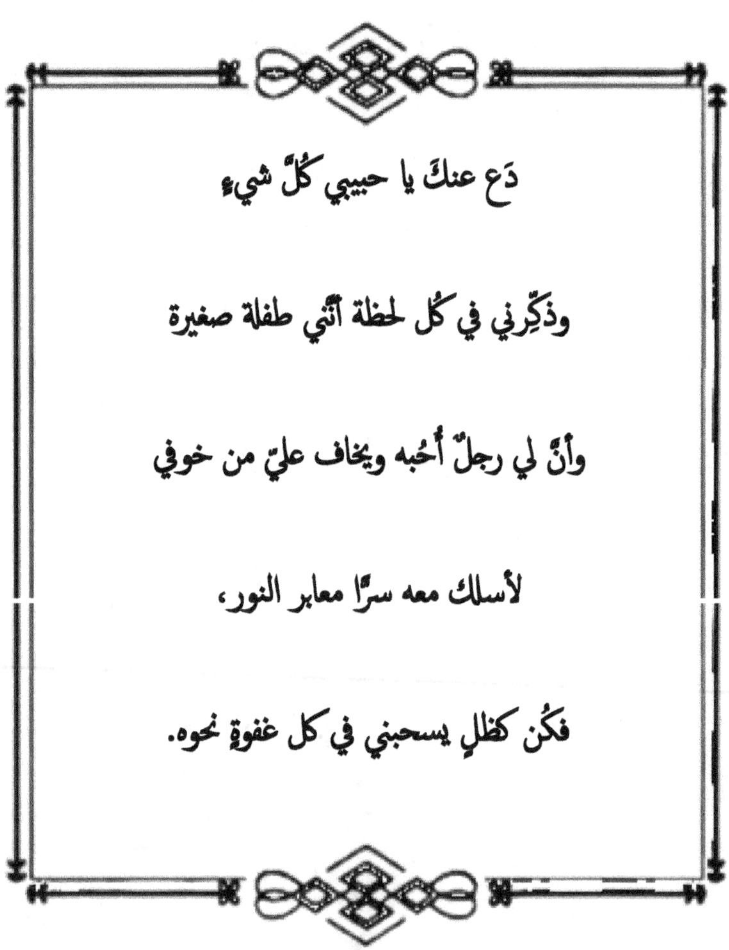

دَع عنكَ يا حبيبي كُلَّ شيء

وذكِّرني في كُل لحظة أنّني طفلة صغيرة

وأنَّ لي رجلٌ أُحبّه ويخاف عليّ من خوفي

لأسلك معه سرًّا معابر النور،

فكُن كظلٍ يسحبني في كل غفوةٍ نحوه.

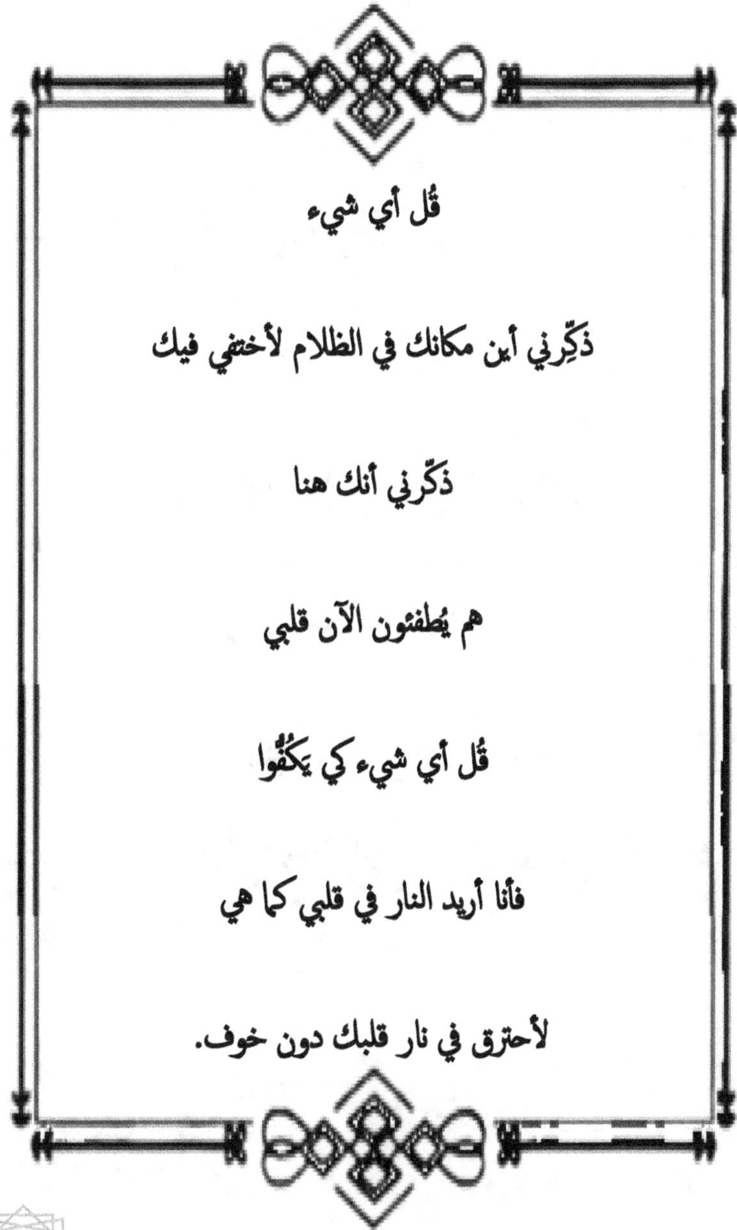

قُل أي شيء

ذكِّرني أين مكانك في الظلام لأختفي فيك

ذكّرني أنك هنا

هم يُطفئون الآن قلبي

قُل أي شيء كي يَكُفُّوا

فأنا أريد النار في قلبي كما هي

لأحترق في نار قلبك دون خوف.

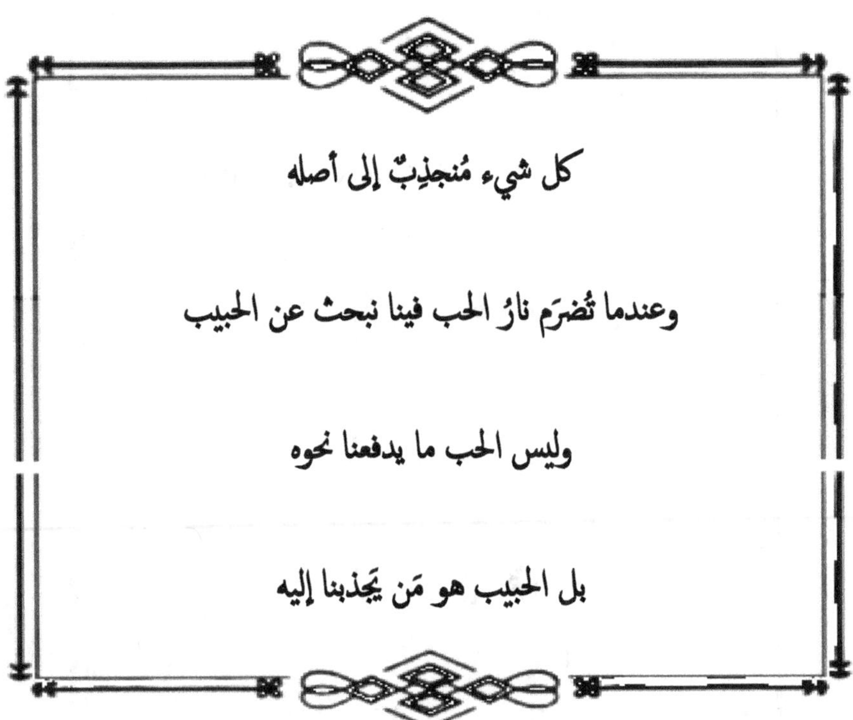

كل شيء مُنجذِبٌ إلى أصله

وعندما تُضرَم نارُ الحب فينا نبحث عن الحبيب

وليس الحب ما يدفعنا نحوه

بل الحبيب هو مَن يَجذبنا إليه

الحب شفاءٌ وطُهر

فالحُبُّ يشفي ويكفي

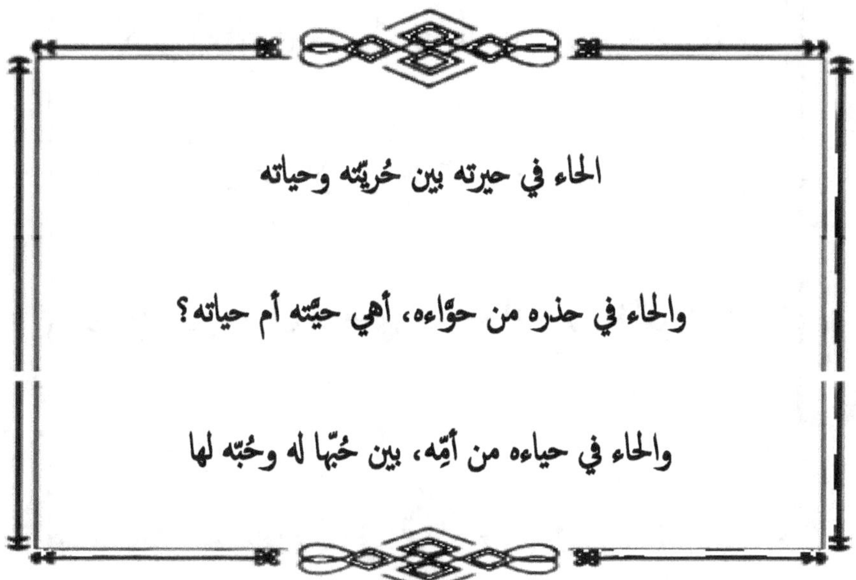

الحاء في حيرته بين حُريّته وحياته

والحاء في حذره من حوّاءه، أهي حيّته أم حياته؟

والحاء في حياءه من أمّه، بين حُبّها له وحُبّه لها

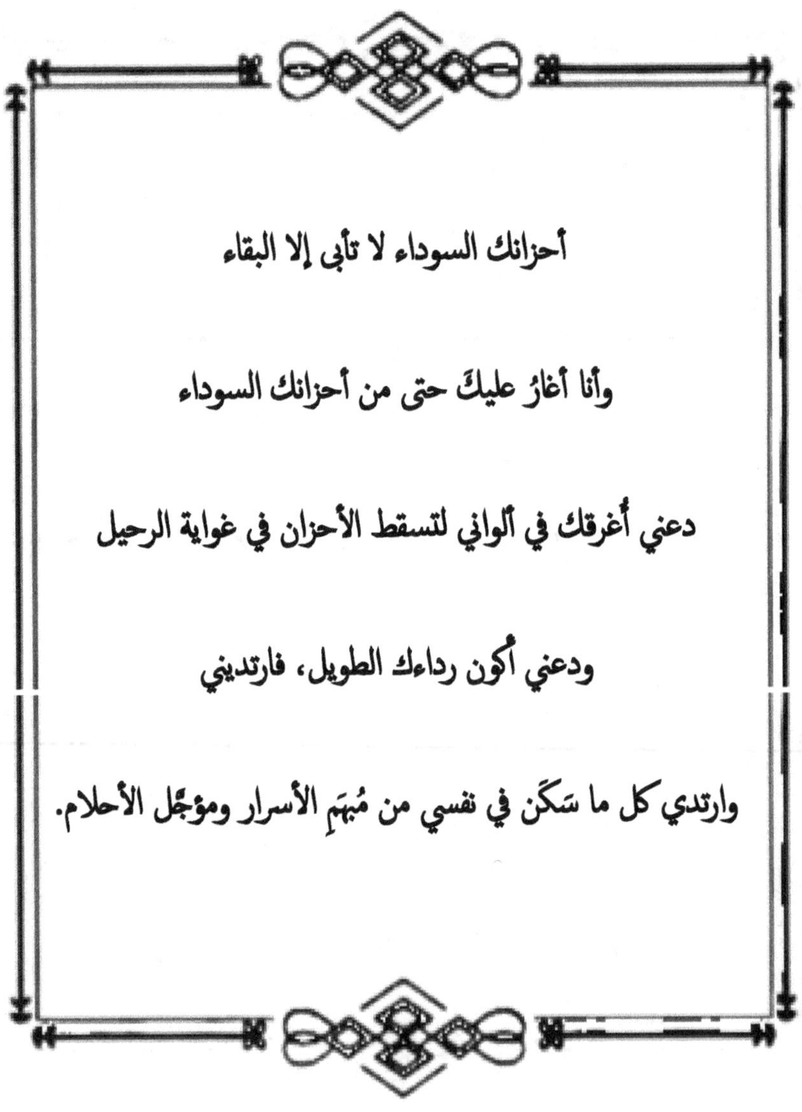

أحزانك السوداء لا تأبى إلا البقاء

وأنا أغارُ عليكَ حتى من أحزانك السوداء

دعني أُغرقك في ألواني لتسقط الأحزان في غواية الرحيل

ودعني أكون رداءك الطويل، فارتديني

وارتدي كل ما سَكَنَ في نفسي من مُبهَمِ الأسرار ومؤجَّل الأحلام.

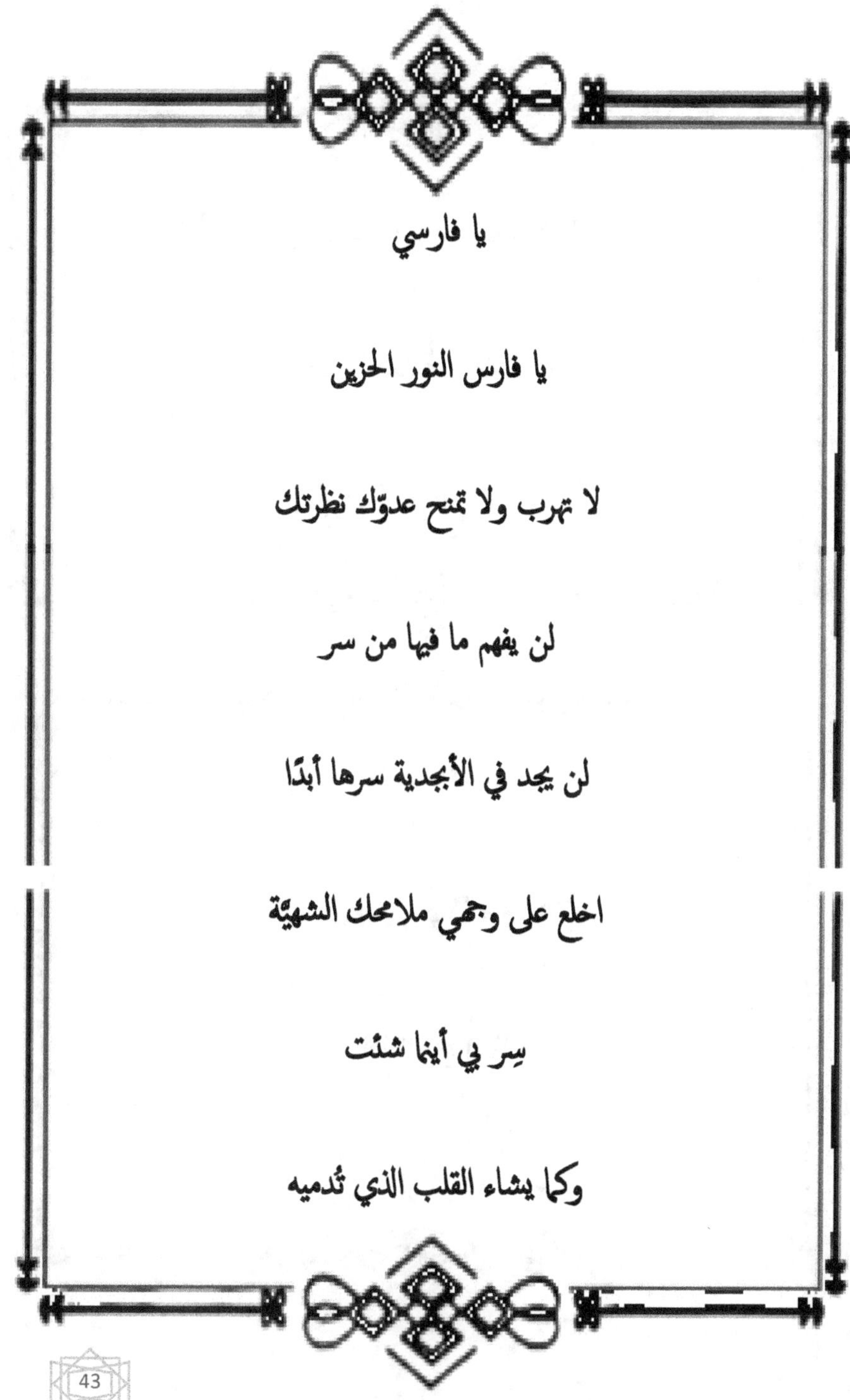

يا فارسي

يا فارس النور الحزين

لا تهرب ولا تمنح عدوّك نظرتك

لن يفهم ما فيها من سر

لن يجد في الأبجدية سرها أبدًا

اخلع على وجهي ملامحك الشهيّة

سِر بي أينما شئت

وكما يشاء القلب الذي تُدميه

إذا زرع الرجل الورود أحاطت به فراشات الأنثى

وأضاءت بها ظلمة ما فات من حياة

وبشَّرته بما هو آتٍ من فرح

الحب طوفان لا تصُدّه سدود

إذا سال طغى، وإذا طغى أغرق

وإذا أغرق أحيا

فالغرق في طوفان الحب حياة.

الحب هو الجهات الست

ولا فرار منه، إلا إن كان هو المَقَر.

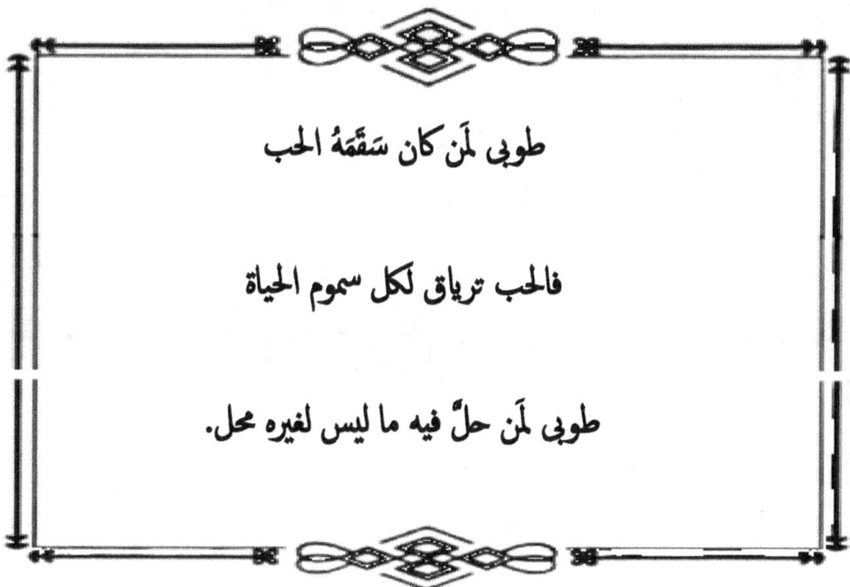

طوبى لمَن كان سَقَمُهُ الحب

فالحب ترياق لكل سموم الحياة

طوبى لمَن حلَّ فيه ما ليس لغيره محل.

نحن نشعر حين نرى

ونرى حين يرانا المحبوب

ولم يَرَ محبٌّ نفسه إلا بعد أن رآه حبيبه

فما الحب إلا ومضات تضيء ظلمة ما فات وطريق ما هو آت

الحب أرض يجتمع فيها الضِّدين

تُنير الشمس جنَّاتها

ولا يزيد البحر نارها إلا اندلاعًا

فالحب أرض أحرقتها الشمس، وأنارها القمر.

وفي حوار بين عاشقين قالت: في الحنين لا فرقَ بين يوم أو عام أو دهر،

فحجم الاشتياق يفوق فكرة الزمن.

فنظر صامتًا وفي داخله مكامن أسرار ومصابيحُ أنوار حتى زفرت عبرات

على وجنتي، فقالت:

لم أرَ صمت أعمق وأفصح من كلمات صمتك.

فأجهش بالبكاء مُردّدًا:

الذكريات سكين للقلب وسكن للروح، والعقل منها يصرخ وينوح.

وعندما تلامست أناملهم تأجَّجت بواطنهم واتَّحدت

خواطرهم، فخارت قواهم وفي عناق واحد كان الماضي

والحاضر والمستقبل

لحظةٍ بعُمر، وعمرٌ في لحظة

ومن فرط حبه لم يعُد يشعر بالحب، بل صار هو الحب نفسه.

والحب أغوارٌ وأنوارٌ والمُحب من حبه يغار، ومنه تتدفَّق أنهار

وأسرار، دليل للمحتار وإشارة لليل بأن يكون نهار، وطاقة تجعل

مكونات الكون في انصهار.. فهل له من أنصار؟!

فالحُب ترياقٌ ووفاقٌ وعناقٌ، الحُب سموٌّ وحنوٌّ ونموٌّ،

الحُب ابتهالٌ ووصالٌ ودلالٌ، الحُب مناصٌ وقصاصٌ وخَلاصٌ،

الحُب يُحبُّ كل حُب.

في حياة الرجل هناك امرأة واحدة فقط تغزو قلاعه،

وفي حياة المرأة هناك رجل واحد فقط يَدُكُّ حصونها.

فإن اجتمعا لم تعد قلاعٌ ولا توجد حصون، فيكون الأمر

سياحة وسباحة حتى الجنون في أمرٍ بات فتنة وفتون

حب – عشق

كلمتان من خمسة أحرف

فلنحاول تدوير الأحرف ونستخرج منها عبارة

ع ق ب – ش ب ع – ش ب ق – ق ب ع – ع ب ق

– ش ب ح – ق ش ع

فمن الممكن أن نقول: (الشَّبع عَقبَ الشبق هو شبعٌ قشع ما
قبله ولم يقبع في الروح سوى العبق).

فتحسَّسَها وتنشَّمها وهمس وهو في حضن كفَّيها:

لم أنتِ كلما لاح بارق وذر شارق ووقب غاسق وانهمر وادق،

وبنظرة أفعوانية قال: سأكتب رسالة بعنوان:

القواعد المُثلى لـ... الكبرى والصغرى..

وترك النقاط يكملها كل ظمآن مشتاق.

وأكون قد أحببت؛ والمعنى أني استضأت بالقَبَس الأزلي الذي

أضرم الشمس والكواكب.. وأصبح دمي لا يجري بل يشتعل

ويتوهَّج.. وعاد قلبي لا ينبض.. بل يرتِّج ارتجاج الأفلاك في

مداراتها.. وأكون بالحُب قد وجدتك؛ والمعنى أني وجدتني، إذ

كانت نفسي تنقصها المرأة التي أراها بها رؤية قلب.

وأكون قد عشقت، والمعنى أنك أدخلت على قلبي حاسة

تُشيع السكون كله في.. أو تشيعني أنا فيه، حتى لا أفرح ولا

أحزن إلا بمقدار يملأ الوجود... حين بك وحدك أفرح وأحزن!!

قيل هذا لما نودي عليه: يا هذا..

الحُب هو نظرة تحمل كل شوق وحنين وترقُّب،

هو روح تنير الطريق لروح أخرى،

هو روح تَبُثُ طاقة لكل روح حولها..

بُعْده قُرب.. وقُربه بُعد...

لا نهاية له إلا الموت، بل بولادة روحٌ مُفعَمة بالحب،

فإن الحُب إذا حلَّ... ليس لغيره محل

بابُ الرُّؤى لِمَنْ لَهُ قَلْبٌ يَرَى

يولد الأطفال وفيهم بقايا من رائحة الجنة..

ومن الكبار أكابر ما زالت رائحة الجنة فيهم.

بين الحاء والباء بحر، وأولى بِمَن لا يستطيع السباحة أن يبقى

على الشاطئ، كي لا يغرق بين الحاء والباء.

قد ترى العين في لحظة واحدة ما يجري على اللسان لأعوام،

وقد يُدرك القلب في لحظة واحدة ما تسمعه الآذان لأعوام.

سألت نفسي:

متى أبلغ أشُدِّي؟

متى سأصير رجلًا!؟

وأنا طفلٌ أمام أمي، وغُلامٌ أمام زوجي، وكهلٌ أمام ولدي،

وشيخٌ أمام دنياي.

أنا البحر في أمواجه، والنيل في عطائه

أنا الأرض في ربيعها، والصحراء في جدبها

أنا النجم في سطوعه وخفوته، والشمس في نورها

أنا العقل في فكره، والقلب في أنينه

أنا الحياة في زوالها، والموت في يقينه

يدفعني إلى الإثم خوفي

حريٌّ بالحي أن يكون حُرًّا،

وحريٌّ بنا في قيد الحياء أن نتعلم كيف نكون من الأحياء.

ما أجمل الوحدة! وما أقساها!

وما أخطر أن تكون شابًا وأنت كهل!

وما أصعب أن تكون قدوة وأنت تبحث عن قدوة!

وما أحق من أن تموت وأنت حي، فتحيا بموتك.

تقاتل الناس على أحدٍ فماتوا جميعًا، ولم يبقَ منهم أحد،

وبُعثوا جميعًا لم يغب منهم أحد، خاشعين للواحد الأحد.

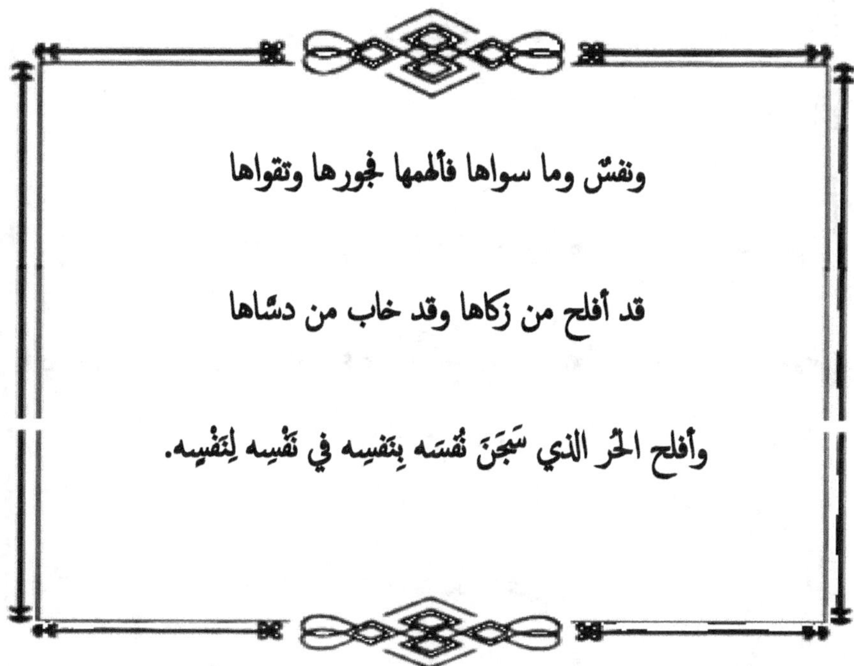

ونفسٍ وما سواها فألهمها فجورها وتقواها

قد أفلح من زكاها وقد خاب من دسّاها

وأفلح الحُرّ الذي سَجَنَ نُفسَه بِنَفسِه في نَفسِه لِنَفسِه.

تذلَّل في مقام الذُّلّ

وتغزَّل في مقام الشكر والحمد

لتنال مقام الإِدلال

البشرية ظلامٌ حالك

وأنت منهم، فلا تكن مثلهم

وكُن كالقمر تضيء في ظُلمتهم

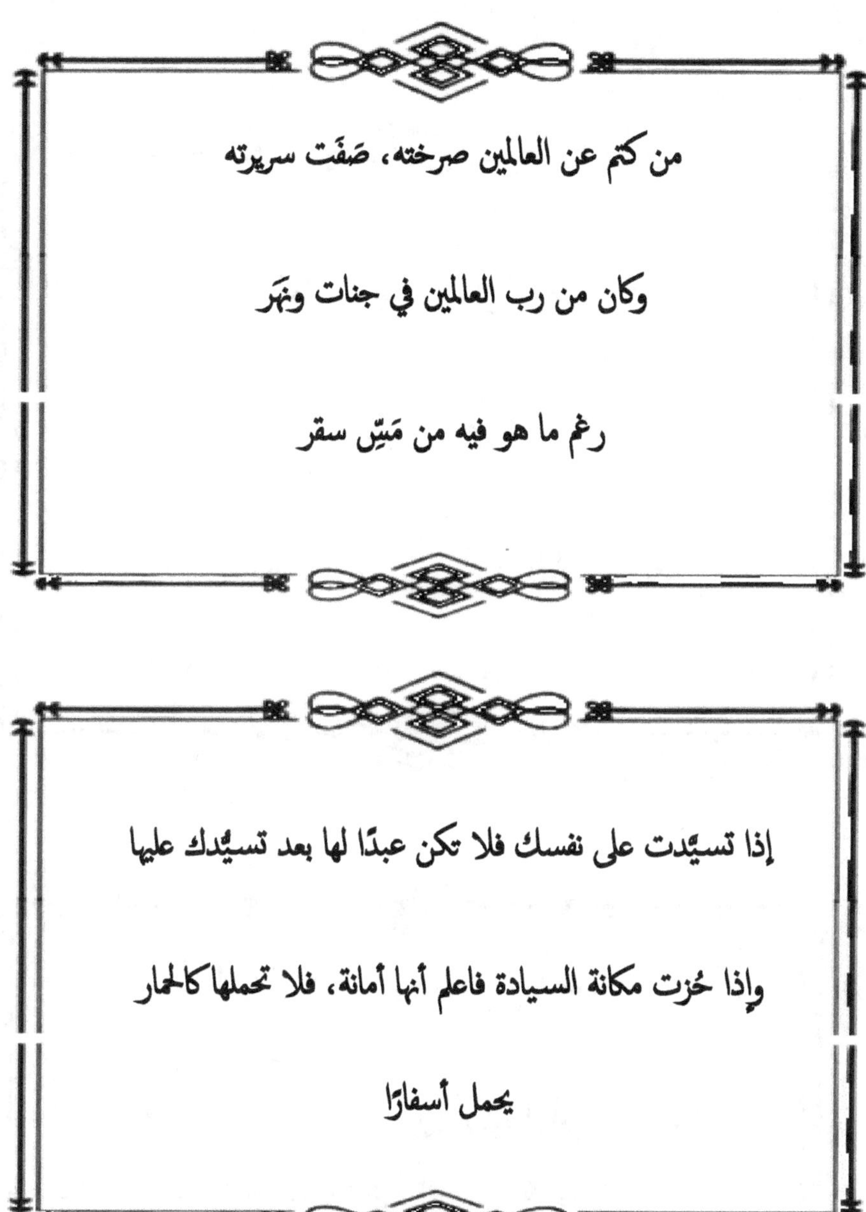

مَن كتم عن العالمين صرخته، صَفَت سريرته

وكان من رب العالمين في جنات ونَهَر

رغم ما هو فيه من مَيِّن سقر

إذا تسيَّدت على نفسك فلا تكن عبدًا لها بعد تسيُّدك عليها

وإذا حُزت مكانة السيادة فاعلم أنها أمانة، فلا تحملها كالحمار

يحمل أسفارًا

للعقل ميزانه، وللسان كلامه

وأثر الذكر تجده في السر

إذا انشرح القلب لنوره، وخشع القلب لجلاله

الدنيا لهوٌّ له ألف وجه يفرح به الصبيان،

وتيةٌ غادر به ألف أخدود يتردّى فيه الغافل من الرجال

الرؤى لِمَن له قلبٌ يرى

والأحلام منحة مَن استيقظ مِن منامه

والحب لِمَن يبحث عنه

والمُلْك للتارك

والهلاك لِمَن ظنَّ الامتلاك

أطلقوا سراح الأطفال المحبوسين داخلكم

فكراهية الكبار وحقدهم نتاج ضعف الرجال وعجزهم

الكون يُردِّد صدى الحسنات ويردُّ لنا السيئات

فلا فوات في مملكة العادل، ولا صوتٌ إلا وله صدى

الحب سِحْرٌ وسَحَر، وخمرٍ شُكره من سَهَر،

ووَجدٍ العشق فيه ومنه انهمر.

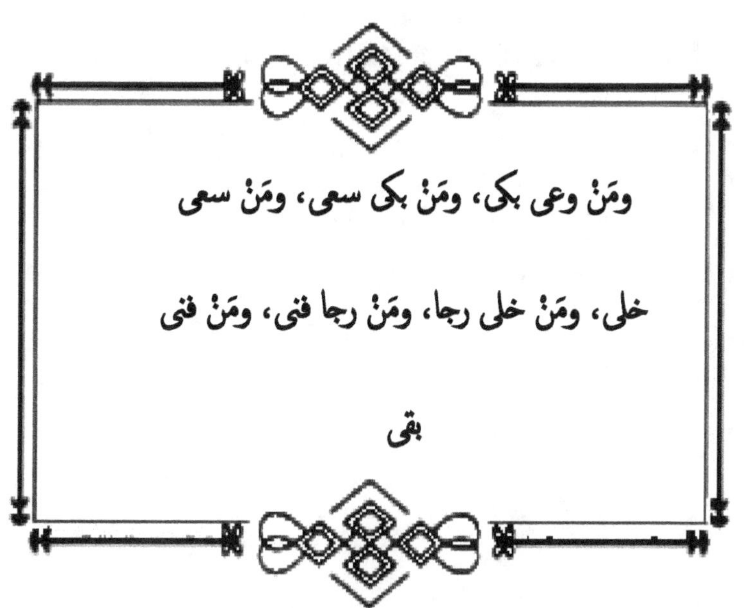

ومَنْ وعى بكى، ومَنْ بكى سعى، ومَنْ سعى

خلى، ومَنْ خلى رجا، ومَنْ رجا فنى، ومَنْ فنى

بقى

نحن من قبل الحب وهمٌ وخيال، ومن بعده أصبحنا رجال.